AF460730

DÉCOUVERTE
DE DEUX
NOUVELLES PLANETES
AUTOUR DE SATURNE.

A PARIS,
Chez SEBASTIEN MABRE-CRAMOISY,
Imprimeur du Roy, ruë Saint Jacques,
aux Cicognes.

M. DC. LXXIII.
AVEC PERMISSION.

AU ROY.

IRE,

Je presente à Vostre Majesté deux Planetes, qui ont esté inconnuës à tous les siécles passez, & qui n'ont esté découvertes que depuis que V. M. ayant étably son Academie des Sciences, a fait élever vn Observatoire pour la contemplation des Astres. Plusieurs Philosophes se sont imaginez que toutes les Planetes estoient autant de mondes differens. Quelle que soit la nature de ces mondes, le droit de découverte en donne déja deux à Vostre Majesté, dont les Conquestes ne pouvant estre renfermées dans les limites de la terre, s'étendent jusqu'aux plus sublimes régions des Cieux. Quelle envie ne porteroit pas à V. M. le Grand Alexandre, qui deux fois versa des larmes; l'vne, quand il vit ses Conquestes bornées par l'Occean; & l'autre, quand il apprît d'vn Philosophe, qu'il y avoit vne infinité de mondes, dont il n'en avoit pas encore conquis vn seul. L'antiquité n'avoit connu que ſept Planetes ; ce ſiécle en avoit découvert cinq autres ; & voicy qu'il en paroiſt encore deux nouvelles, pour remplir le nombre de XIV. *qui a maintenant l'honneur d'eſtre uni au Nom Auguſte de* LOUÏS. *L'Etoile que Rome appella du nom de Jules Ceſar, toute paſſagére qu'elle eſtoit, ne laiſſe pas de donner encore aujourd'huy de l'éclat à la memoire de ce Prince, qui d'ailleurs ne s'eſtoit pas eſtimé moins glorieux d'avoir reglé l'année Julienne ſuivant les mouvemens celeſtes, que d'avoir réduit ſous ſes loix l'Empire Romain. Ces nouvelles Planetes qui ſont perpetuelles, qui s'élevent au-deſſus de toutes les autres, & dont les differens mouvemens ne manqueront pas de donner aux ſiécles à venir longue matiére d'exercice & de raiſonnement, porteront bien plus loin le nom de Voſtre Majeſté. Elle verra icy en abregé les Obſervations que j'en ay faites dans cette Maiſon Royale, qui ſera un jour plus celebre que toutes les autres merveilles du monde. Je les luy preſente, pour répondre en quelque ſorte à l'honneur qu'Elle m'a fait, de me mettre au nombre de ceux qui travaillent ſous ſa Royale protection à l'avancement des Sciences ; & je la ſupplie d'agréer cét eſſay que luy offre avec un profond reſpect,*

SIRE,

DE VOSTRE MAJESTÉ

Le tres-humble, tres-obéïſſant,
& tres-fidelle ſerviteur & ſujet,

CASSINI.

Planetę noui circa Saturnum ex Regio obseruatorio detecti.

cum vetere intermedio.

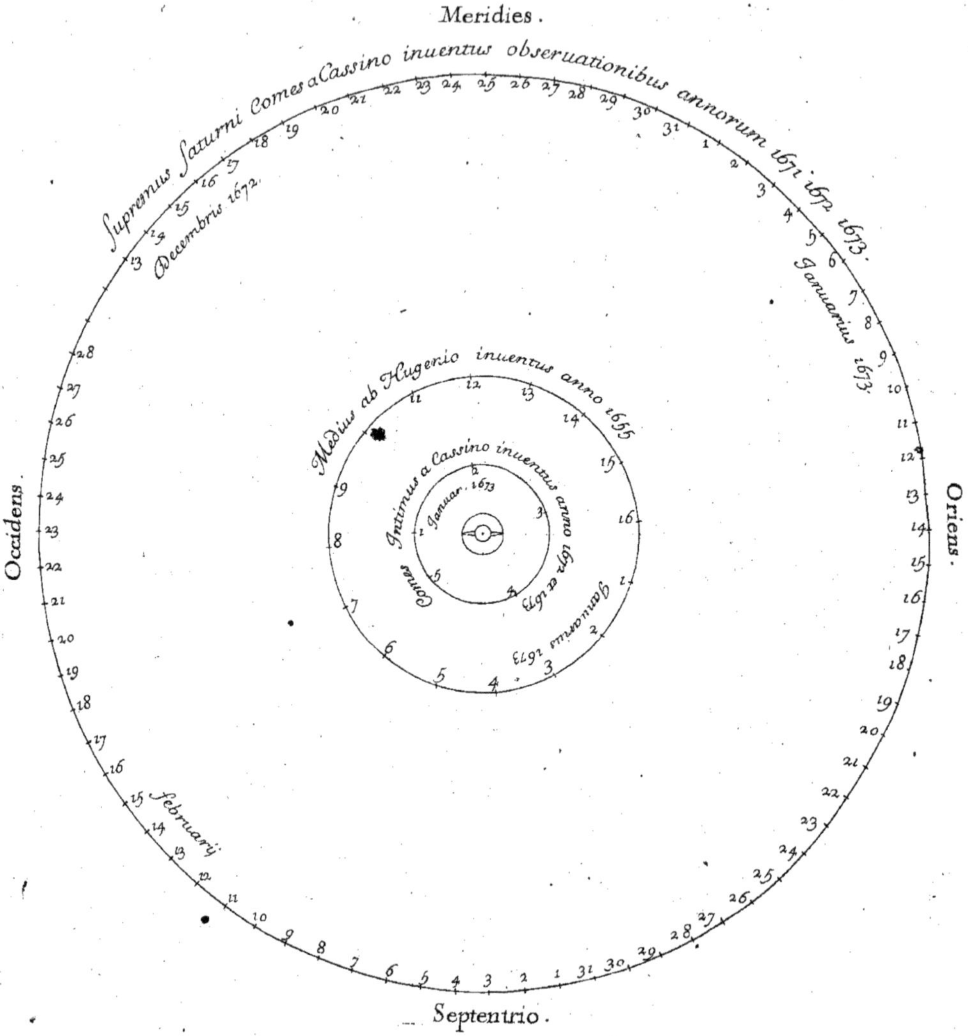

Meridies.

Supremus Saturni Comes a Cassino inuentus obseruationibus annorum 1671 1672 1673.

Decembris 1672.

Januarius 1673.

Medius ab Hugenio inuentus anno 1655

Januarius 1673

Comes Intimus a Cassino inuentus anno 1672 et 1673

Januar. 1673

Occidens.

Oriens.

Februarij

Septentrio.

DÉCOUVERTE DE DEUX NOUVELLES PLANETES AUTOUR DE SATURNE.

I.

Découverte de dix petites Etoiles fixes, & d'une nouvelle Planete.

ERS la fin du mois d'Octobre de l'an 1671. Saturne passoit tout proche de quatre petites Etoiles visibles par la seule Lunete, dans la sinuosité de l'eau d'Aquarius, que Rheita prît autrefois pour de nouveaux Satellites de Jupiter, & les appela Urbanoctaviennes, & qu'Hevelius a montré estre des fixes communes, qu'on découvre à tous momens par la Lunete en tous les endroits du Ciel, & les a nommées Uladislaviennes. Ce passage de Saturne nous en fit découvrir au mesme lieu, dans l'espace de 50. minutes, par vne Lunete de 17. pieds faite par Campani, onze autres plus petites; l'vne desquelles, par son mouvement particulier, fit connoistre qu'elle estoit vne veritable Planete. Ce que nous trouvâmes ainsi, en la comparant non seulement à Saturne & à son Satellite ordinaire, découvert l'an 1655. par Monsieur Hugens, mais encore aux autres Etoiles qui estoient fixes, & particuliérement à trois que nous avons marquées *a, b, d,* dans la premiére Planche, où, pour épargner icy vne longue explication de nos premiéres Observations, nous avons décrit la trace de Saturne, & celle de la nouvelle Planete, toûjours marquée *c,* commençant depuis le 25. d'Octobre jusques au 6. de Novembre. Nous y avons ajoûté le Satellite ordinaire, sans autre marque particuliére, parce qu'il est d'ailleurs facile à connoistre, estant toûjours en ces Observations le plus proche de Saturne. Les distances sont representées dans leurs justes proportions; mais pour rendre Saturne plus remarquable dans la Planche, il est representé deux fois plus grand qu'il ne faudroit, à proportion des distances.

Ces Observations font voir vn mouvement de cette nouvelle Planete, lequel est tres-manifeste, à l'égard des Etoiles fixes, mais moins sensible à l'égard de Saturne. Néantmoins il paroist que depuis le 25. d'Octobre jusques au premier de Novembre, sa distance de Saturne s'augmenta vers l'Occident, & de-là jusques au 6. de Novembre, elle diminua, en sorte que sa plus grande digression de Saturne arriva au commencement de Novembre, & elle se trouva de 8. minutes, ou de 10. Diametres & demy de l'Anneau de Saturne: D'où il s'ensuivoit, que si cette Planete estoit vn Satellite de Saturne, elle devoit estre jusques à la fin de Septembre dans la partie inferieure de son Cercle, & depuis le commencement de Novembre dans la partie superieure; Que sa révolution autour de Saturne estoit de longue durée, puisque pendant douze jours non seulement elle demeura du mesme costé Occidental de Saturne, mais encore il y eût peu de changement de distance apparente entre elle & Saturne. La plus grande digression

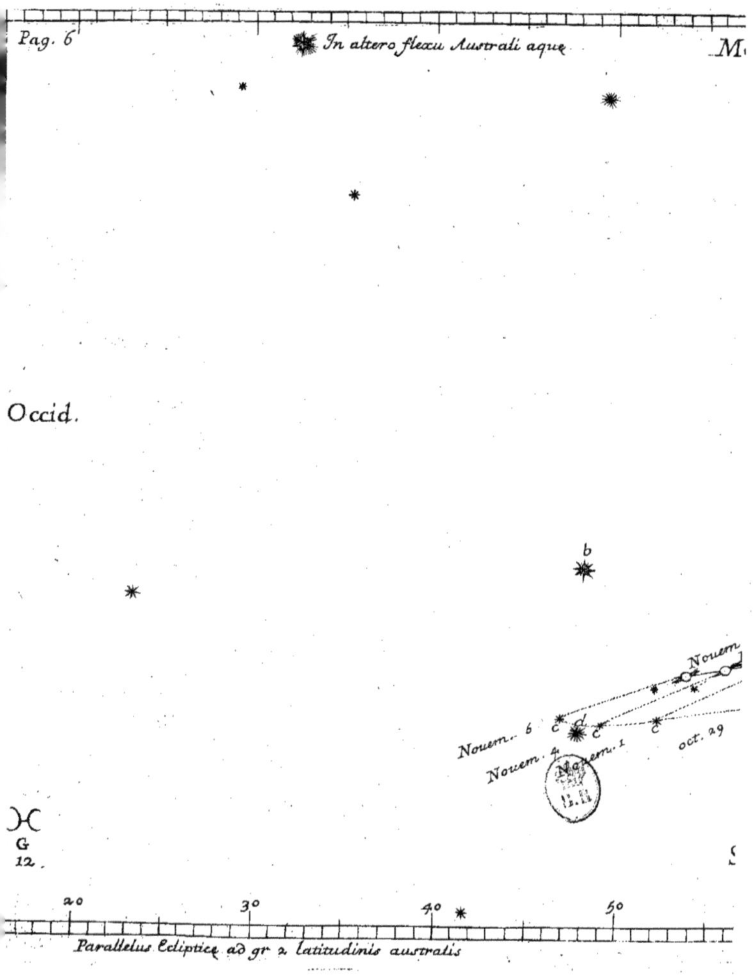

5

Pag. 6

In altero flexu Australi aque

M

Occid.

b

Nouem

Nouem. 6 c

d

Nouem. 4

c

c

Nouem. 1

oct. 29

♓

G

12.

S

20

30

40

50

Parallelus Ecliptice ad gr 2 latitudinis australis

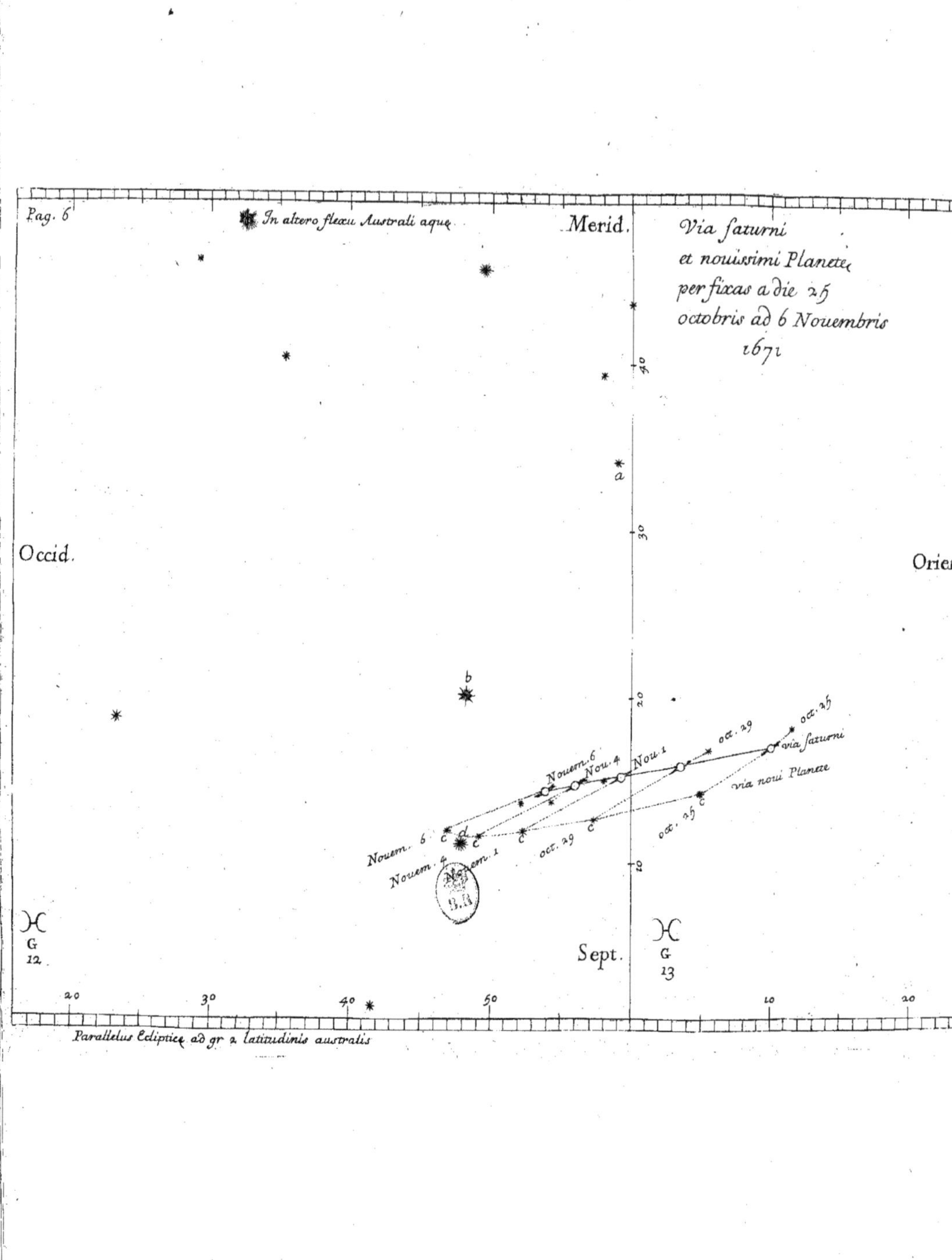

Pag. 6
In altero flexu Australi aquę
Merid.
Via saturni
et nouissimi Planetę
per fixas a die 25
octobris ad 6 Nouembris
1671
Occid.
Oriens
a
b
c
d
Nouem. 6
Nou. 4
Nou. 1
oct. 29
oct. 25
via saturni
via noui Planetę
Nouem. 6
Nouem. 4
Nouem. 1
oct. 29
oct. 25
Sept.
G
12
G
13
Parallelus Eclipticę ad gr. 2 latitudinis australis

de cette Planete estoit triple de celle du Satellite ordinaire, & pouvoit faire juger le temps de sa révolution presque quintuple, appliquant aux Satellites la proportion que Kepler a remarquée dans les Planetes principales, entre les temps periodiques & leurs distances. Mais il y avoit vne circonstance qui nous faisoit douter si c'estoit vn Satellite, ou vne Planete principale; c'est que dans les derniéres Observations, nous remarquâmes qu'elle avoit vn peu de latitude Meridionale à l'égard de la ligne des aîles de Saturne, que nous n'avions pas remarquée dans les premiéres, lors qu'elle estoit plus proche de Saturne; ce qui n'arrive pas à l'autre Satellite, qui a toûjours plus de latitude, plus il est proche de Saturne: Néantmoins, il se pouvoit faire que le Cercle de cette Planete eust quelque déclinaison du Cercle de l'autre Satellite, comme il arrive aux Planetes principales, dont les Cercles sont inclinez l'vn à l'autre. Quoy qu'il en soit, cette difficulté nous fit differer nostre jugement jusques à vn nombre d'Observations, qui pust suffire à vne détermination plus précise.

II.

Poursuite de la nouvelle Planete.

MAIS les nuages qui couvrirent le Ciel pendant plusieurs jours, interrompirent nos Observations. Nous vîmes pourtant Saturne le 12. le 16. le 17. le 19. & le 23. de Novembre, & nous observâmes qu'il s'estoit encore plus approché des Etoiles fixes *b*, *d*, mais nous ne pûmes trouver aucun vestige de la nouvelle Planete; c'est pourquoy il ne restoit gueres d'esperance de la retrouver par la mesme Lunete, par laquelle elle avoit paru extrêmement petite vers la fin: Néantmoins, en attendant vne plus grande Lunete, nous ne manquâmes pas de chercher pendant quelques intervales de beau temps, si nous ne rencontrerions rien de semblable aux environs de Saturne.

Nous trouvâmes le 16. de Décembre de la même année, que Saturne avoit repris sa figure ronde, & qu'il y avoit à l'Orient vne petite Etoile fort éloignée en ligne droite de Saturne, & de son Satellite ordinaire, qui estoit aussi Oriental, mais peu éloigné de Saturne. Et le 24. de Décembre nous vîmes ce Satellite à l'Occident, & vne Etoile encore Orientale moins distante de Saturne que celle que nous avions vûë le 16; mais le temps ne nous permit pas de verifier si c'estoit la mesme. Enfin, le 18. le 21. le 23. & le 25. de Janvier 1672. nous vîmes à l'Occident de Saturne, tantost vne Etoile, tantost plusieurs fort éloignées, presque en ligne droite de son Satellite ordinaire. Ce qui nous faisoit esperer de voir vne autrefois la nouvelle Planete vers la plus grande digression Occidentale; mais ces Observations furent les derniéres que le temps nous permit de faire avant l'occultation de Saturne dans les rayons du Soleil.

Nous representons dans la seconde Planche quelques-vnes de ces Observations interrompuës, quoy-qu'elles ne soient faites qu'à l'estime de l'œil, & qu'alors nous n'ayons pû verifier quelles estoient ces Etoiles.

Aprés mon retour d'vn voyage de Provence, ayant apporté de Marseille, au commencement de Novembre 1672. vne excellente Lunete de 35. pieds, que Campani avoit faite par ordre de Sa Majesté, nous la dressâmes à l'Observatoire vers Saturne, aussitost que le temps le permit, pour chercher la nouvelle Planete. Dans les premiéres Observations, qui furent faites le 13. & le 17. de Décembre, nous apperceûmes vne Etoile Occidentale, éloignée de Saturne, qui avoit dans l'vne & dans l'autre Observation vne latitude Australe à l'égard de la ligne des aîles, mais dans la premiére elle estoit plus éloignée de Saturne que dans la seconde: de sorte que si c'estoit la mesme Etoile, comme je le supposois, ne l'ayant pû verifier par la comparaison des fixes, parce qu'alors il ne s'en rencontra aucune dans l'ouverture de la Lunete,

Pag. 8. et 12.

Obseruationes aliquot saturni rotundi cum stellis in recta linea cum ipso et vetere satellite

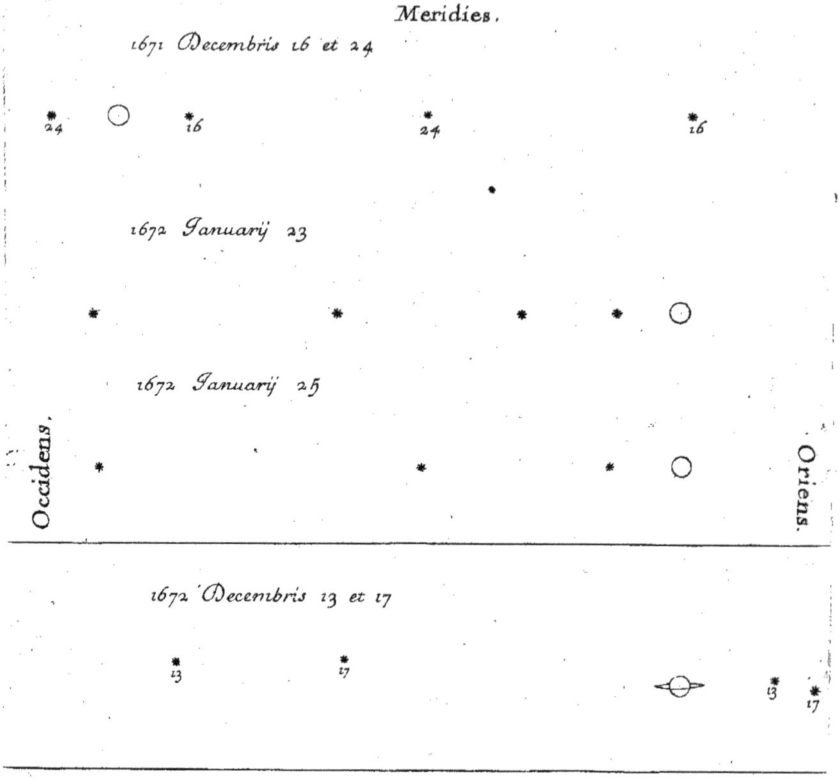

Meridies.

1671 Decembris 16 et 24

24 16 24 16

1672 Ianuarij 23

1672 Ianuarij 25

Occidens. Oriens.

1672 Decembris 13 et 17

13 17 13 17

Digressiones Comitis extimi a saturno ad occidentem a die 6 ad 19 februarij 1673.

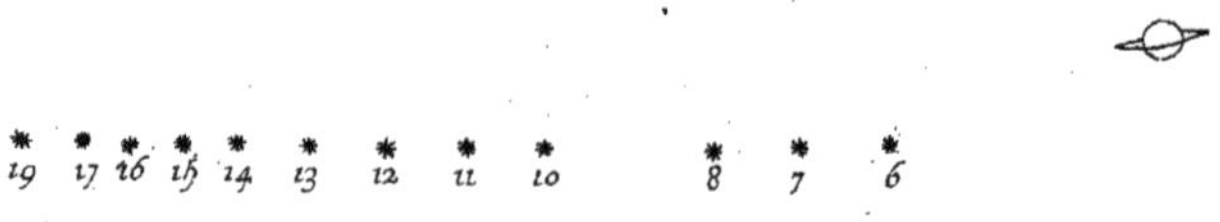

19 17 16 15 14 13 12 11 10 8 7 6

Septentrio.

Pag. 9 et 10

Obseruationes noui Saturni Comitis intimi

1. est nouus intimus 2. vetus medius

Meridies.

1672 Decemb. 23 h. 7.

2 1

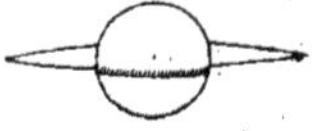

Decemb. 30

1 2

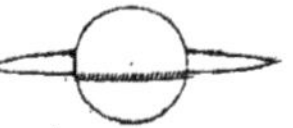

1673 Jan. 10

2 1

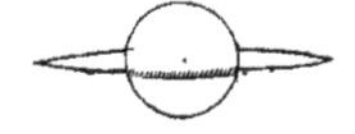

Occidens. Oriens.

Jan. 15

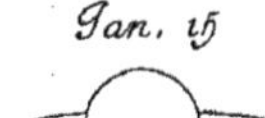

1 2

Jan. 17

1 2

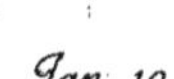

Jan. 19

1 2

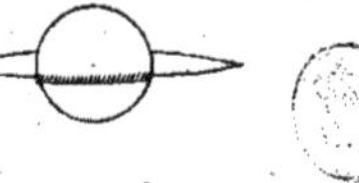

Septentrio.

nete ; elle alloit vers Saturne à l'Orient, & par consequent (supposant qu'elle fust son Satellite) elle estoit dans la partie superieure de son Cercle.

III.

Découverte d'vne autre nouvelle Planete.

NOUS ne pûmes revoir Saturne que le 23. de Décembre ; & alors, en presence de Messieurs Hugens, Picard, Mariotte, Romer, & autres de l'Academie Royale des Sciences, nous trouvâmes vne petite Etoile Occidentale à Saturne entre luy & son Satellite ordinaire, qui estoit aussi Occidental, presque à double distance. Et pour lors nous n'eûmes pas d'autre raison de supposer qu'elle fust differente de la précedente, sinon qu'elle n'avoit aucune latitude à l'égard de la ligne des aîles de Saturne.

Le temps ne nous permit de revoir Saturne que le 30. de Décembre ; & alors nous vîmes vne petite Etoile qui luy estoit Orientale, sans aucune latitude entre luy & son Satellite ordinaire, lequel avoit aussi passé à l'Orient. Cette Observation comparée avec la précedente nous tint encore en suspens, parce que nous ne sçavions pas si cette Etoile, qui nous sembloit la mesme que dans l'Observation précedente, avoit passé d'vn costé à l'autre de Saturne, par vn seul mouvement plus lent que celuy du Satellite ordinaire, & par consequent par vn petit arc d'vn plus grand cercle ; ou si pendant cét intervalle de temps elle avoit fait vn ou plusieurs tours par vn plus petit Cercle : ce qui s'accommodoit beaucoup mieux à la position dans laquelle elle avoit paru sans latitude dans l'vne & dans l'autre Observation, comme il arrive ordinairement aux Satellites, lorsqu'ils sont vers leurs plus grandes digressions. Mais comme il ne falloit pas se fonder sur deux seules Observations, nous demeurâmes dans vne grande impatience de nous éclaircir davantage. Le Ciel ne nous fut favorable que le 10. de Janvier 1673. & alors cette petite Etoile nous parut estre retournée presque dans la mesme position à l'égard de Saturne & du Satellite ordinaire, où elle avoit esté le 23. de Décembre. Ce qui nous donna de l'admiration, fut d'avoir trouvé trois fois de suite cette petite Etoile entre Saturne & le Satellite ordinaire, toûjours en distance presque égale de l'vn & de l'autre. Mais nostre admiration cessa à la quatriéme Observation, qui fut faite le 15. de Janvier, dans laquelle le Satellite ordinaire estoit Oriental, & le nouveau estoit Occidental, comme il avoit esté dans l'Observation précedente, mais vn peu plus proche de Saturne. Nous eûmes ce soir-là assez de temps pour observer attentivement cette Planete vne heure de suite, pendant laquelle nous nous apperceûmes qu'elle s'approchoit de Saturne vers l'Occident, & par consequent qu'elle estoit dans la partie superieure de son cercle; ce qui nous confirma entiérement dans la supposition, à laquelle nous panchions, que c'estoit vn Satellite interieur, dont la révolution estoit plus vîte que celle du Satellite ordinaire: ainsi la poursuite d'vn autre Satellite, que nous sçavions estre plus éloigné de Saturne, & avoir vne plus longue periode, nous fit découvrir celuy-cy qui en est plus proche, & dont la periode est plus courte.

IV.

Hypothese du mouvement du nouveau Satellite interieur.

CE fut dés lors, que comparant les Observations ensemble, nous commençâmes à trouver la régle du mouvement du nouveau Satellite interieur; car les deux derniéres nous firent voir qu'en cinq jours il avoit fait plus d'vne révolution entiére. La premiére Observation comparée à la troisiéme, nous fit juger qu'en dixhuit jours il avoit fait vn nombre de révolutions pres-

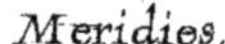

sistematis saturni pars intima nouo Comite aucta.

Meridies.

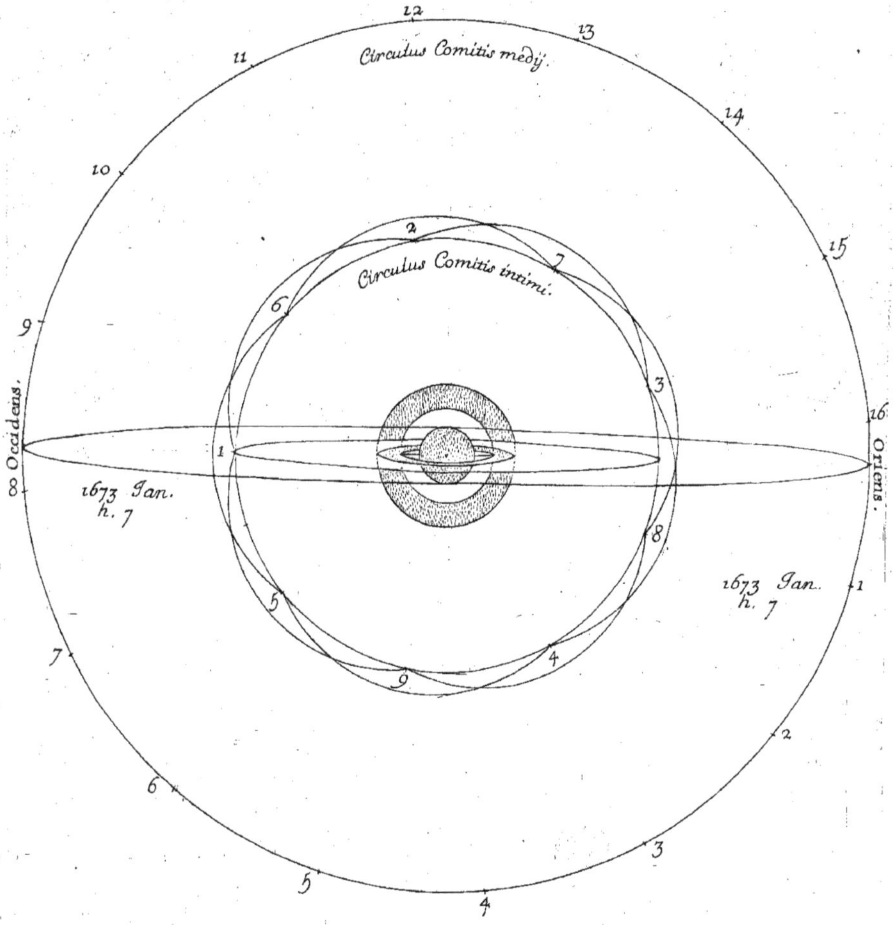

Circulus Comitis medij.
Circulus Comitis intimi.
Occidens.
Oriens.
1673 Jan.
h. 7
1673 Jan.
h. 7
12
13
11
14
10
15
9
16
8
1
7
2
6
3
5
4
2
7
6
3
1
8
5
4
9

Septentrio.

que entiéres, qui certainement estoient plus de trois par la premiére combinaison; & supposant qu'il y en eût quatre, chacune estoit de quatre jours & demi: De sorte qu'entre le 10. & le 15. il se pouvoit faire qu'il y eust eû vne révolution de quatre jours & demi, ou deux révolutions de deux jours & vn quart chacune.

Mais la combinaison de la premiére Observation avec la seconde venoit à exclure la periode de deux jours & vn quart. Nous jugeâmes donc par ces Observations, que cette derniére Planete acheve sa révolution autour de Saturne, en quatre jours & demi; Que le Demi-diametre de son Cercle est de trois Demi-diametres & vn quart de l'Anneau de Saturne; & enfin qu'elle fut vers sa plus grande digression Occidentale le 23. de Décembre, & le 1. de Janvier, environ à sept heures du soir.

Sur ces fondemens, aprés la quatriéme Observation, nous fîmes l'Ephemeride de cette Planete, comme elle est representée dans la quatriéme Planche, où nous ajoûtâmes celle de l'ancien Satellite, afin que dans les Observations où l'vne & l'autre devoient estre proche de Saturne, on les pust distinguer; & ces Ephemerides nous ont depuis servi jusques à l'occultation de Saturne, sans y avoir trouvé autre difference dans les Observations suivantes, sinon que pour la Planete plus proche, le retour au mesme lieu, aprés vne révolution de quatre jours & demi, se fait vne heure plus tard; desorte qu'vne révolution s'acheve en 4. jours & 13. heures. Nous avons aussi appris par les Observations suivantes, que lors que le Satellite interieur est beaucoup éloigné de ses grandes digressions, il a vn peu de latitude Australe, à l'égard de la ligne des aîles dans le Demicercle superieur, & vn peu de latitude Boreale dans l'inferieur, comme aussi l'ancien Satellite, qui en a davantage à proportion du Diametre de son Cercle. Les Observations de cette Planete furent faites, non seulement avec la Lunette de Campani, mais encore avec vne de Divini, de 36. pieds, & avec vne de pareille longueur de Monſieur Borelli, de l'Academie Royale des Sciences.

V.

Retour aux Obſervations du nouveau Satellite exterieur de Saturne.

L'APPLICATION que nous avions eüe à obſerver la Planete la plus proche de Saturne, dans le peu de temps que nous avions le ſoir, à cauſe de ſa proximité des rayons du Soleil, nous avoit diverti de l'Obſervation de l'autre Planete plus éloignée. Mais le 6. de Février nous commençâmes à la revoir, & nous eûmes le temps aſſez favorable pour l'obſerver preſque tous les jours ſuivans juſques au 20. de Février, à l'exception du 9. & du 18.

Elle ſe voyoit commodément par la Lunete de 17. pieds de Campani, avec laquelle la premiére découverte en avoit eſté faite; & par vne autre de 20. pieds faite par Le-Bas, avec laquelle Monſieur Picard l'obſerva auſſi inceſſamment, & quelquefois en compagnie de Meſſieurs Hugens & Mariotte. Les premiéres Obſervations des diſtances furent faites à l'eſtime de l'œil, comparant le Satellite exterieur à Saturne & aux autres Satellites. Les derniéres furent faites par la meſure du temps entre le paſſage de cette Planete, & celuy du Centre de Saturne.

Elle s'éloigna toûjours de Saturne juſques au 19. de Février, lors que nous meſurâmes la difference entre ſon paſſage & celuy du Centre de Saturne de 30. ſecondes d'heure, qui donnent au moins dix Diametres de Saturne; mais le vingtiéme elle eſtoit déja trop proche des rayons du Soleil, pour pouvoir meſurer ſa diſtance, qui néantmoins à l'eſtime fut jugée plus grande qu'elle qu'elle n'avoit eſté le dix-neuviéme. Les diverſes ſituations de cette Planete, à l'égard de Saturne, & de la ligne des aîles, entre le 6. & le 19. de Février, ſont repreſentées au bas de la ſeconde Planche.

Par la vîteſſe apparente de ſon mouvement durant les premiers jours, il eſt aiſé de voir que cette Planete avoit eſté conjointe à Saturne le 3. de Février; & par ſon mouvement à l'Occident, il paroiſt qu'elle eſtoit dans la partie inferieure de ſon Cercle : & parce que pendant ce temps de 17. jours elle s'éloignoit toûjours de Saturne, il eſt conſtant qu'elle demeura dans le meſme quart de Cercle inferieur Occidental plus de 17. jours, & que ſa révolution entiére eſt de plus de 68. jours.

Elle eſtoit en ces derniers jours à vne diſtance à peu prés égale à celle qu'elle avoit eûë vers la fin d'Octobre 1671. de ſorte qu'en 480. jours ou environ, elle a fait vn certain nombre de révolutions entiéres, qui ne peuvent eſtre plus de ſept, puiſque chacune eſt ſans doute de plus de 68. jours. Que ſi l'on en comptoit 7. chacune ſeroit de 68 $\frac{1}{2}$. jours ; ſi l'on en compte 6. chacune ſeroit de 80. jours; & ſi l'on n'en met que 5. chacune ſeroit de 96. jours. Mais cette derniére ſuppoſition ne peut convenir en aucune maniére aux deux Obſervations du mois de Décembre 1672. & la premiére n'y convient pas ſi bien que la ſeconde.

La proportion des diſtances apparentes dans les Obſervations de Février, qui ſont les meilleures, nous feroit eſtimer chacune de ſes révolutions entre 80. & 96. jours ; mais la proportion de la plus grande digreſſion de l'an 1671. comparée avec celle des deux autres Satellites d'avec leurs periodes, convient mieux à 80. jours. C'eſt pourquoy dans l'Ephemeride que nous donnons d'vne révolution, nous ſuivons celle-cy, juſques à vne plus préciſe détermination, laquelle demande vn plus grand nombre d'Obſervations, qui ne pourront eſtre commencées que vers le Solſtice de l'Eſté prochain, à cauſe de l'ascension oblique de Saturne, & de sa latitude Australe, qui le tiendront long-temps dans les rayons du Soleil.

VI.

Figure de la révolution spirale de Saturne.

NOUS avons trouvé à propos d'ajoûter icy la figure de la révolution spirale de Saturne & de ses Satellites, dans le Systeme des Planetes superieures, composée du mouvement periodique de trente ans, & du mouvement annuel, afin d'avoir les proportions de leurs distances de la terre en divers temps de l'année, & de la révolution periodique de Saturne, pour connoistre par là les temps propres pour les Observations de ces nouveaux Satellites, qui doivent estre plus visibles, plus ils sont proches de la terre, laquelle nous supposons au Centre de la figure. Dans cette spirale, les lieux où Saturne se trouve au commencement de chaque année, sont marquez par vne Etoile, & par le nombre de l'année. Les divisions qui suivent entre deux Etoiles, montrent les autres commencemens des mois de la mesme année. Pour la commodité de la division nous avons fait les mois de 30. jours chacun, à la reserve du douziéme, qui est de 35. dans les années communes, & de 36. dans les Bissextiles.

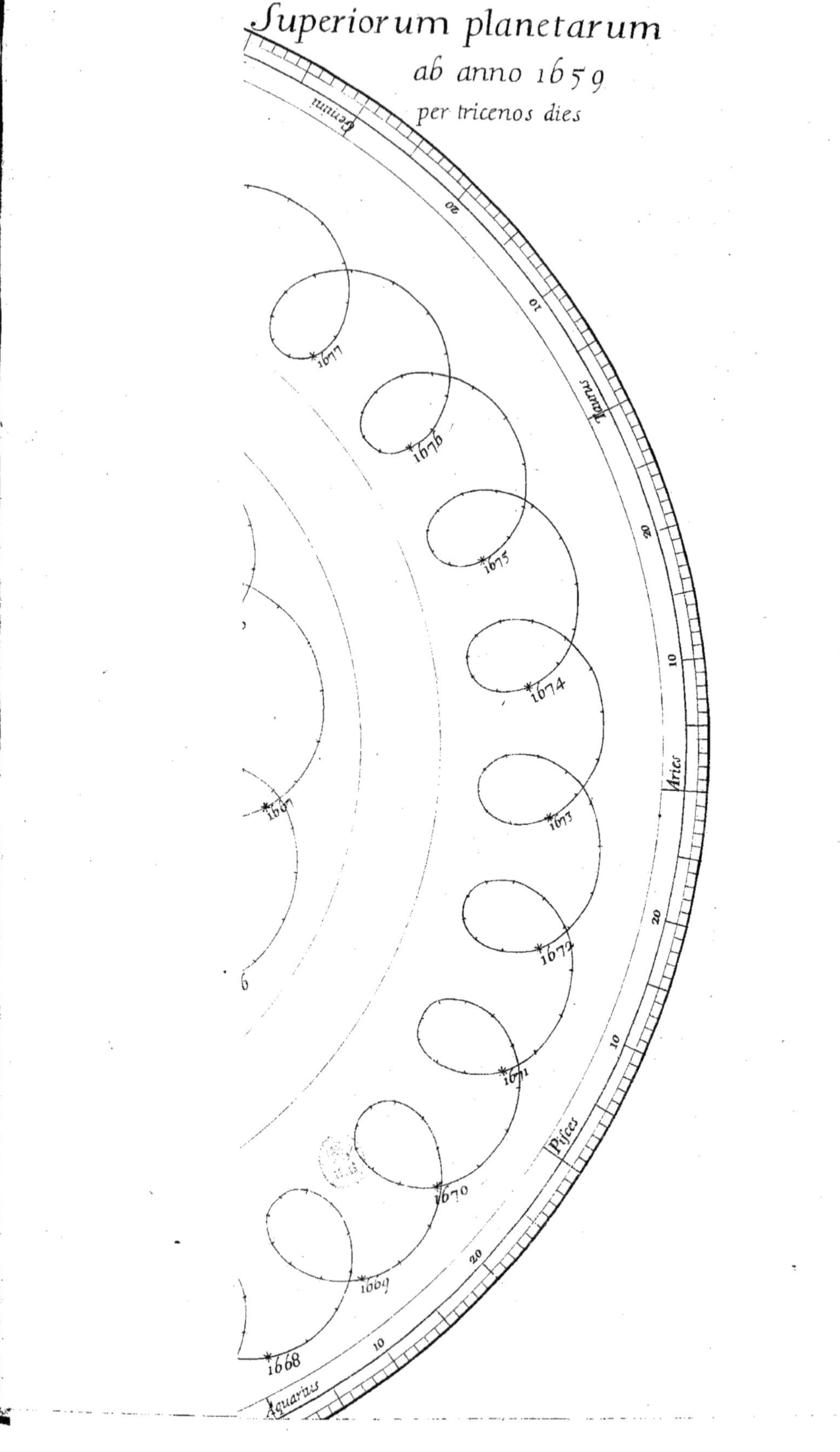
Superiorum planetarum
ab anno 1659
per tricenos dies
Gemini
20
10
Taurus
20
10
Aries
20
10
Pisces
20
10
Aquarius
1677
1676
1675
1674
1673
1672
1671
1670
1669
1668
1667

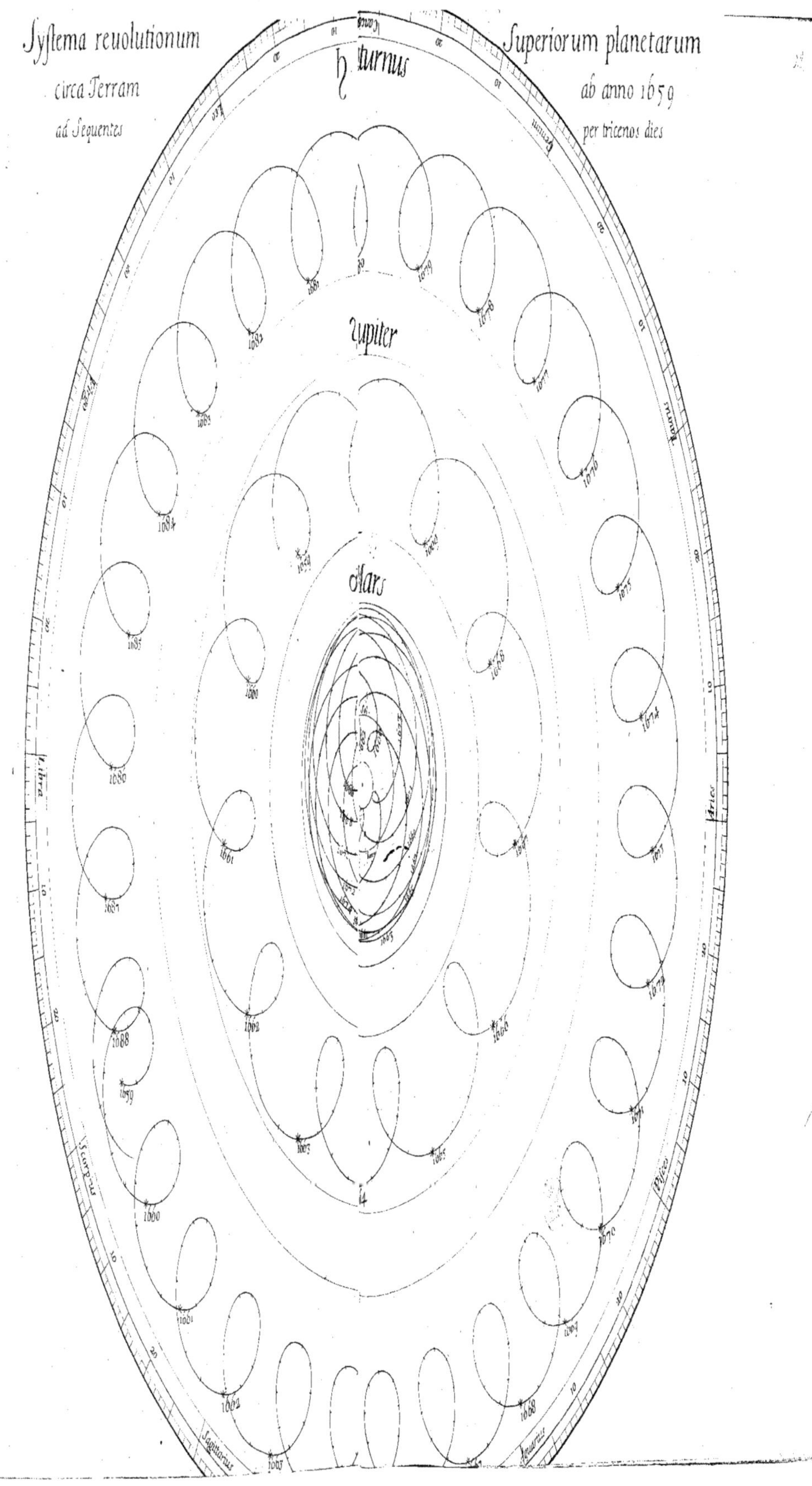
Systema reuolutionum
Superiorum planetarum
circa Terram
ab anno 1659
ad Sequentes
per tricenos dies
♄turnus
♃upiter
♂ars
Libra
Aries
Scorpius
Pisces
Sagitarius
Aquarius

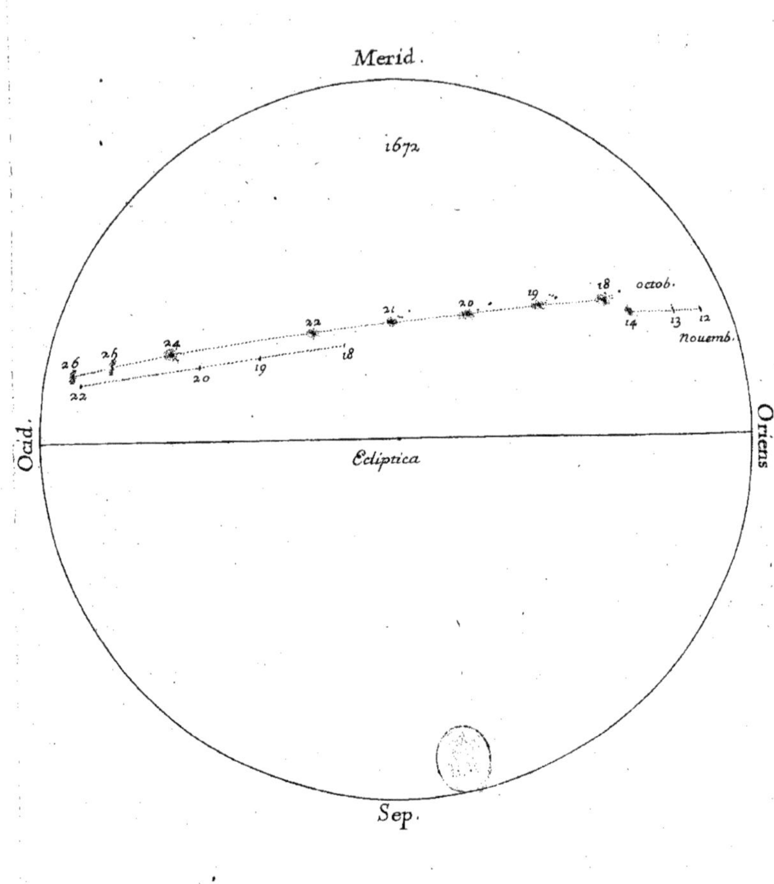
Merid.
1672
18 octob.
19
20
21
22
24
25
26
14
13
12
Nouemb.
18
19
20
22
Ocid.
Oriens
Ecliptica
Sep.

OBSERVATIONS DES TACHES DU SOLEIL.

DEPUIS les nouvelles taches du Soleil, qui furent obſervées aux mois d'Aouſt & de Septembre de l'année 1671. il n'en avoit paru aucune juſques en Octobre dernier. Le 18. de ce mois, ſur les 7. heures du matin, aprés quelques jours de mauvais temps, comme Monſieur Romer vouloit prendre des hauteurs du Soleil avec vn quart de cercle à Lunete, tels que ſont ceux dont on ſe ſert ordinairement dans l'Obſervatoire Royal, il apperceût vne groſſe tache, qui eſtoit déja vn peu avancée ſur la partie Orientale du diſque du Soleil. La Lunete du quart de cercle n'eſtoit longue que de trois pieds; mais il en prit incontinent vne de vingt, avec laquelle il découvrit que cette tache eſtoit de figure triangulaire; qu'il y avoit à l'entour vn petit nuage brun, dans lequel elle eſtoit enfermée; & que dans l'enceinte de ce nuage, il y avoit vne ſeconde tache compoſée de deux parties, qui ayant eſté premiérement ſeparées, ſe joignirent peu aprés. Il apperceût en meſme temps cinq autres petites taches, qui eſtoient au dehors de l'enceinte des premiéres; ſçavoir, vne au deſſus, & quatre à droit, outre vne ſixiéme plus éloignée auſſi à droit: ce qui paroiſſoit ainſi au travers de la Lunete, qui renverſoit les objets.

Il s'appliqua enſuite à déterminer exactement la ſituation du milieu de la plus groſſe tache, à l'égard des parties du monde; & il obſerva qu'à 7. heures 40. minutes, elle estoit dans vn parallele de l'Equateur plus Meridional de 9. minutes & 5. secondes, que celuy du centre du Soleil; & qu'à l'égard d'vn mesme cercle horaire, le bord Occidental du Soleil la précedoit d'vne minute & 33. secondes & demie de temps, le disque entier employant alors deux minutes & 12. secondes à passer le mesme cercle horaire. Il remarqua aussi que tout le nuage qui enveloppoit la grosse tache, passoit en 3. secondes de temps.

Le 19. & les autres jours suivans, il continua les Observations dont voicy la liste.

Octobre.		Passage du disque du Soleil.		Diff. de temps entre le bord Occ. du Soleil & la tache.		Diff. de decl. entre le bord Merid. du Soleil & la tache.		Diametres du Soleil.	
Jours.	H.	M	S	M	S	M	S	M	S
19	7 ½	2	12	1	23	8	17	32	22
20		2	12	1	11	9	42	32	23
21		2	12 ½	0	57	11	17	32	24
24		2	13	0	22	16	2	32	25
25		2	13	0	12 ½	17	28	32	26
26		2	13 ½	0	6 ½	18	25	32	27

Il remarqua aussi de jour en jour plusieurs changemens considerables, non seulement dans la grosse tache, mais encore dans celles d'alentour, dont quelques-vnes d'abord se dissiperent. Celles qui estoient restées se trouverent tous les jours avoir changé de situation; & enfin toutes les petites disparurent: de sorte qu'il ne resta plus que la grosse, qui demeurant toûjours dans le nuage dont elle estoit enveloppée, vint à s'étressir fort sensiblement vers la fin, non pas qu'en effet elle diminuast à proportion, mais parce qu'elle suivoit la convexité du Globe du Soleil, & qu'estant platte, elle se presentoit de profil à nos yeux; ce qui la faisoit paroistre plus estroite.

Le

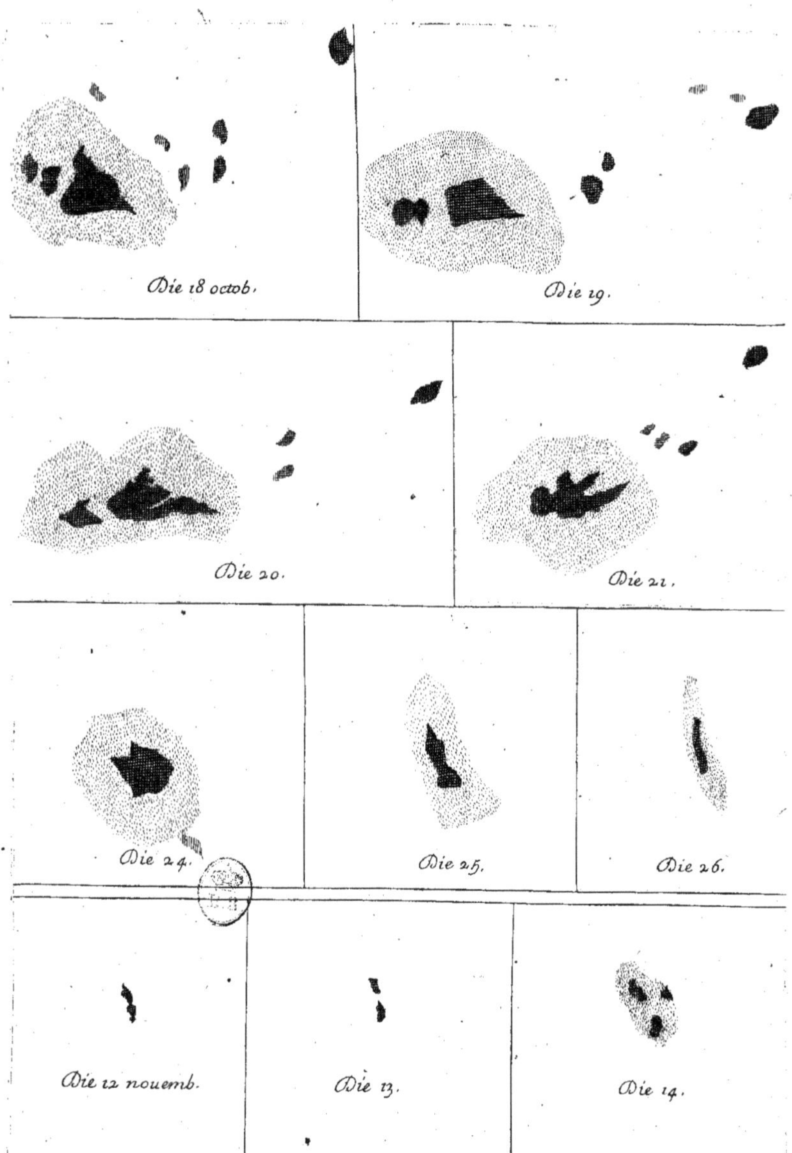
Die 18 octob.
Die 19.
Die 20.
Die 21.
Die 24.
Die 25.
Die 26.
Die 12 nouemb.
Die 13.
Die 14.

Le mauvais temps empeſcha de la ſuivre plus avant que le 26. Mais Monſieur Caſſini, qui eſtoit alors en Provence, la vit encore le 27. à midy, lors qu'elle touchoit le bord Occidental du Soleil; & ſes Obſervations, comme auſſi celles que Monſieur Picard avoit faites en Anjou, ſe ſont trouvées conformes à celles de Paris.

Or dautant que l'étreſſiſſement de la tache pendant les derniers jours n'avoit eſté qu'apparent, & qu'en effet elle eſtoit alors encore tres-grande; cela fit juger qu'elle pourroit durer aſſez, pour ſe faire voir encore vne fois au Bord Oriental du Soleil, aprés avoir achevé le tour entier; & comme l'on ſçavoit à peu prés le temps auquel cela devoit arriver, Monſieur Picard, qui eſtoit alors de retour d'Anjou, ne manqua pas de ſe tenir preſt pour cette Obſervation.

Le 9. Novembre elle ne parut point encore; & le lendemain on ne la pût voir, à cauſe des nuages continuels. Mais le 12. au matin Monſieur Picard & Monſieur Romer eſtant enſemble à l'Obſervatoire Royal, la découvrirent, & trouverent qu'elle eſtoit déja avancée d'environ la vingt-ſixiéme partie du diametre du Soleil.

Elle leur parut ce jour-là à peu prés de la figure d'vne fourmy. Le 13. elle eſtoit partagée en deux; & le 14. on apperceût vn nuage alentour, au bord duquel il parut vne troiſiéme tache plus petite que les deux autres.

Le mauvais temps ayant interrompu leurs Obſervations, ils ne purent revoir le Soleil que le 18. au matin. Ils crûrent d'abord que la tache eſtoit diſſipée; mais regardant plus attentivement à l'endroit où elle devoit eſtre, ils découvrirent vn petit point noir qui eſtoit reſté, & qui n'eſtoit encore gueres avancé au de-là du milieu du Soleil.

Ils ſuivirent cette derniére tache de jour en jour; & enfin, le 22. lors qu'il falloit du moins vne Lunete de ſix pieds pour la voir, & qu'elle eſtoit proche du bord Occidental du Soleil, ils s'apperceûrent qu'elle eſtoit environnée de certains petits nuages entrecoupez, & tres-legerement marquez, dans leſquels il y avoit des endroits qui paroiſſoient plus clairs que le reſte du diſque du Soleil, & qui pouvoient eſtre ce que l'on a appellé des *facules*. L'apparence en eſtoit ſi foible, que l'on ne s'en ſeroit pas apperceû, ſi la difficulté de faire voir la tache à ceux qui ne ſont pas accoûtumez à regarder dans les Lunetes, n'euſt obligé de recevoir l'image du Soleil dans vn lieu obſcur, au travers de la Lunete qui eſtoit de ſix pieds; mais la meſme choſe fut veûë enſuite par la Lunete.

Novembre.		Paſſage du diſque du Soleil.		Diff. de temps entre le bord Occ. du Soleil & la tache.		Diff. de decl. entre le bord Merid. du Soleil & la tache.		Diametres du Soleil.	
Jours.	H.	M	S	M	S	M	S	M	S
12	8 $\frac{1}{2}$	2	17	1	59 $\frac{1}{2}$	7	20	32	33
13	8 $\frac{3}{4}$	2	17	1	54 $\frac{1}{2}$	7	40	32	33
14	8 $\frac{2}{3}$	2	17 $\frac{1}{2}$	1	46 $\frac{1}{2}$	8	25	32	34
18	9 .	2	18	1	5	12	40	32	34
19	11 $\frac{1}{2}$	2	18	0	40	13	50	32	35
20	9 $\frac{1}{2}$	2	18 $\frac{1}{2}$	0	28 $\frac{2}{3}$	14	50	32	35
22	11 .	2	19	0	8	15	50	32	36

La tache ayant duré long-temps, a donné lieu de déterminer aſſez exactement le temps de ſon entiére révolution à noſtre égard, qui s'eſt trouvé de 27. jours, dix heures & demie; & déduiſant enſuite le retardement que le mouvement annuel devoit avoir cauſé à cette révolution, l'on a conclu que la periode du mouvement des taches, & par conſequent celle du Soleil autour de ſon centre, eſt en ſoy de 25. jours & demi, quoy qu'elle ſouffre divers retardemens apparens en divers temps de l'année, ſuivant l'inégalité du mouvement annuel.

Si les taches du Soleil tournoient sur vn axe qui fust perpendiculaire à l'Ecliptique, elles nous paroistroient toûjours suivre des lignes droites paralleles à l'Ecliptique: Mais parce que cét axe est incliné vers vne certaine partie du monde à laquelle il demeure pointé, & que cependant, à cause du mouvement annuel, il se trouve tantost tourné vers nous, & tantost panché de costé, en sorte qu'à nostre égard il va changeant continuellement de position; de là vient qu'en divers temps de l'année les taches du Soleil nous paroissent tenir des routes fort differentes, & qu'à proportion de ces changemens vne mesme tache venant à traverser vne seconde fois le disque visible du Soleil, ne reprend pas les mesmes traces qu'auparavant.

La tache dont il a esté parlé jusques icy, à toûjours esté dans vn parallele du Soleil, qui déclinoit de 15. degrez vers le Pole Meridional; & cependant elle a paru tenir deux chemins assez écartez l'vn de l'autre, quoy qu'inclinez à peu prés de la mesme maniére. La ligne de son premier passage a esté vn peu courbe, mais celle du second est devenuë sur la fin exactement droite: D'où il s'ensuit que les deux Poles du mouvement estoient alors dans les bords du disque visible du Soleil, le Pole Meridional estant à droit, & le Septentrional à gauche, au contraire de ce qui est representé dans la figure, qui est renversée.

Au reste toutes les Observations, sans en excepter aucune, ont concouru à déterminer que la partie boreale de l'axe du Soleil, est inclinée de sept degrez vers le commencement du signe des Poissons. Cette détermination est assez conforme à ce que l'on a tenu jusques icy; & l'on ne s'arreste pas à en déduire les consequences, d'autant que Monsieur Cassini les a expliquées assez clairement dans vne theorie qu'il inventa au sujet des Observations qui furent faites en l'année 1671. La methode qu'il donne a cela de particulier, qu'elle oste les embaras causez par le mouvement annuel ; & pour cét effet, il réduit les Observations à ce qui auroit deû paroistre, si durant tout le temps qu'vne tache est à passer d'vn bord à l'autre du Soleil, l'œil & le Soleil estoient demeurez immobiles à vne distance immense l'vn de l'autre, & dans la mesme ligne d'opposition où ils estoient, lors que la tache a paru dans le milieu de son cours visible.

La pratique de cette réduction est facile, & par ce moyen la theorie devient tres simple, ainsi que Monsieur Cassini fera voir luy-mesme à la premiére occasion.

www.ingramcontent.com/pod-product-compliance
Ingram Content Group UK Ltd.
Pitfield, Milton Keynes, MK11 3LW, UK
UKHW021042180726
13838UKWH00004B/1959

9 782329 330808